# FROHES FEST NOCH

*Auswahl und Zusammenstellung:*
*Thomas Kupfermann*

EULENSPIEGEL

# INHALT

✳ Peter Hacks – Nikolaus erzählt  7

✳ Johannes Conrad – Vorweihnachtsstimmung  8

✳ Axel Hacke – Wenn es weihnachtet  12

✳ Heli Busse – So einfach ist Weihnachten nicht  15

✳ Heinz Erhardt – Die Weihnachtsgans  18

✳ Ernst Röhl – Alle Jahre wieder  19

✳ Fritz Bernhard – Der unkorrekte Tannenbaum  25

✳ Mathias Wedel – Danke!  28

✳ Torsten Schulz – Durchkommen  32

✳ Günter Herlt – O Pannenbaum  37

✳ Ditte Clemens – Scherben bringen Glück  41

✳ Toni Lauerer – Der Wunschzettel  48

✸ Erich Kästner – Interview mit dem Weihnachtsmann  52

✸ Horst von Tümpling – Morgen geht mein Weihnachtsmann  60

Peter Hacks

# NIKOLAUS ERZÄHLT

Als ich auf den Kalender sah,
Rief ich: Ei, der verhexte!
Die Stiefel her! Die Zeit ist da!
Heut ist ja schon der sechste!
Mein Schlitten brachte mich zum Pol
Und mein Mercedes Benz
Entlang die lange Küste wohl
Westskandinaviens.

Und als ich hinterher zu Schiff
Nach Deutschland reisen wollen,
Ein Mensch nach meinem Sacke griff:
Habn Sie was zu verzollen?
Da riss mir die Geduld geschwind,
Ich zog die Stirne kraus:
Mich kennt, du Schafskopf, jedes Kind.
Ich bin der Nikolaus.

Johannes Conrad

# VORWEIHNACHTSSTIMMUNG

Olt. Fer

»Dämliche Weihnachten!«, rief der Mann mit der Brille. Er rief es ziemlich laut und machte ein verbittertes Gesicht dazu. Hinter den dicken Brillengläsern sahen seine Augen wie böse Fische im Aquarium aus. Die Leute in der Abteilung für Wohnaccessoires blickten alle auf ihn. Auch Kohlweides Frau drehte sich sofort um. Sie hatte den ganzen Tag lang schlechte Laune gehabt. Jetzt begannen ihre Augen zu glitzern.

»Hast du gehört, Kurt?«, zischte sie.

»Lass ihn doch!«, sagte Kohlweide vorsichtig. »Er ist nervös – komm weiter!«

Kohlweides Frau reagierte nicht. Fasziniert starrte sie den Mann mit der Brille an. Was würde er jetzt sagen?

Der Mann mit der Brille war bepackt mit Paketen, schwitzte wie in der Sauna und stierte angewidert auf die Käuferschlange vor ihm.

»Komm endlich, Trude!«, brummte Kohlweide geduldig.

»Lass mich!«, zischte Trude Kohlweide ungeduldig.

Kohlweide schüttelte gewohnheitsmäßig den Kopf. »Ich geh schon in die Spielwarenabteilung – für den Jungen haben wir noch nichts!«, sagte er vorwurfsvoll.

»Ja, ja«, fauchte seine Frau. Kohlweide ging.

»Ich hätte allein einkaufen gehen sollen«, dachte er traurig. »Wenn ich allein Weihnachtseinkäufe gemacht

hätte oder mit dem Jungen, wäre ich in diese schöne Vorweihnachtsstimmung gekommen!« Dann dachte Kohlweide an die Zeit, als er noch ein kleiner Junge war, und an das Geld, welches Trude Kohlweide heute schon ausgegeben hatte. Er wurde noch trauriger und zwängte sich durch die Käuferscharen zur Spielwarenabteilung. Kohlweide wurde gedrückt und gestoßen. Er fühlte einen allgemeinen Zorn in sich aufsteigen. Bösartig knuffte er einen kleinen, mageren Weihnachtsmann, der wegen der Kinder vor der Spielwarenabteilung stand. Der kleine, magere Weihnachtsmann drehte sich um, und Kohlweide meckerte: »Verzeihung, Herr Weihnachtsmann!« Der kleine, magere Weihnachtsmann lächelte erschöpft und lüftete den Umhängebart.

»Der Weihnachtsmann reißt sich den Bart ab!«, rief ein dickes Kind und klammerte sich ängstlich an seine Mutter.

»Ist kein richtiger Bart, Kleine«, sagte Kohlweide tröstend.

»Oller Quasselkopf!«, rief die Mutter. »Dem Kind die Vorweihnachtsfreude zu nehmen!« Kohlweide ging traurig weiter.

In der Abteilung für Wohnaccessoires fluchte der Mann mit der Brille jetzt leise vor sich hin. »Gleich wird er wieder was brüllen!«, dachte Kohlweides Frau. Der Mann war aber jetzt an der Reihe und rief nur: »Endlich!«

Die Kassiererin blickte ihn erschöpft an. »Ich bin auch nur ein Mensch!«, sagte sie. Der Mann mit der Brille zahlte verlegen. Plötzlich rief die Kassiererin: »Darf ich

das Geld noch einmal sehen, mein Herr? Habe ich Ihnen nicht zu viel rausgegeben?«

Kohlweides Frau schob sich erwartungsvoll näher. Ihre Nasenflügel bebten lüstern. Gleichgültig zeigte der Kerl mit der Brille das Geld vor.

»Sehen Sie«, klagte die Kassiererin, »ich habe Ihnen statt neun Euro neunzehn Euro herausgegeben, mein Herr. Das geht aber nicht!«

Die Menschen vor der Kasse blickten sofort wieder alle auf den Mann mit der Brille. Kohlweides Frau nickte triumphierend. Einer, der laut »Dämliche Weihnachten!« brüllt, der unterschlägt auch Geld! Das hatte sie geahnt! Dieser Kerl sah so aus.

»Ich hab es nicht angeguckt, als Sie mir rausgaben. Pardonk, Fräulein!«, stotterte die verdächtige Type.

»Er hat es nicht angeguckt!«, rief Kohlweides Frau höhnisch. Die Leute blickten sofort alle auf Kohlweides Frau. Trude Kohlweide lachte schrill.

»Ich habe es nicht angeguckt, natürlich!«, bellte der Kerl mit der Brille und wurde fürchterlich rot. »Ich bin so schlapp!«, bellte es.

»Jetzt wird er rot – ein Zeichen seiner Schuld!«, sagte Kohlweides Frau in der Erregung zu einem kleinen Jungen.

»Wer wird rot, Tante?«, fragte der kleine Junge.

Kohlweides Frau durchbohrte den Jungen mit einem bösen Blick. »Du bestimmt nicht!«, fauchte sie.

»Bittöh«, rief die Verkäuferin beleidigt und gab dem Subjekt mit der Brille richtig heraus.

»Ich kann nichts dafür, Fräulein«, stotterte der

Verbrecher. »Ich kann nichts dafür«, rief er im Abgehen noch einigen wildfremden Menschen zu.

»Er kann nichts dafür«, dachte Kohlweides Frau und lachte höhnisch. Sie machte sich zur Spielwarenabteilung auf. Ihre Laune war merklich besser geworden. »Dieser Lump!«, sagte sie befriedigt. Eine jüngere Frau blieb sofort stehen. »Dieser Lump, hat sie gesagt«, flüsterte sie ihrem Mann zu.

»Ja, ja«, sagte der Mann und ging weiter. Interessiert sah die jüngere Frau der freudig erregten Trude Kohlweide nach, die eben den traurigen Kohlweide am Arm ergriff.

»Den armen Mann nennt dieses Weib nun vor Weihnachten Lump!«, dachte die jüngere Frau und blickte mitleidig in Kohlweides Gesicht.

»Ich habe noch Chancen«, dachte Kohlweide, als er die Blicke der jüngeren Frau bemerkte. Und plötzlich hörte er sich mit glänzender Laune die vielen, schnellen Worte seiner Frau an, die ihm ihr Erlebnis mit diesem außergewöhnlichen Lumpen in allen Einzelheiten berichtete.

»Vielleicht ist er doch ein Lump«, dachte die jüngere Frau. »Die so fett lächeln, sind oft alte Lustmolche!« Und sofort eilte sie mit dem zärtlichsten Gebaren auf ihren Mann zu, der vor Überraschung ein strahlendes Lächeln gebar. »Man kommt richtig in Vorweihnachtsstimmung!«, rief sie.

»Du sagst es!«, rief der Mann und bekam einen mächtigen Stoß in den Rücken und quetschte sich durch Käuferscharen und dröhnende Weihnachtslieder dem stillen Fest entgegen.

Axel Hacke

# WENN ES WEIHNACHTET

Fer.

Jedes deiner Jahre beginnt mit umfassender Entspannung. Alles ist geschenkt. Niemand hat mehr was zu bekommen. Bis Weihnachten: ein Jahr! Und in diesem Jahr wirst du Weihnachtsgeschenke nicht kurz vorm Fest kaufen wie bisher, sondern übers Jahr verteilt erwerben. Hier was mitnehmen, da etwas auswählen, dort was bestellen. Sehr locker sein.

Dann vergehen Wochen, Monate.

Weihnachten hast du im Griff, denkst du. Weihnachten ist weit. Nach den Sommerferien ruft Mutter an: Was du dir zu Weihnachten wünschst? Sie wolle allmählich … Plane gern … Fahre zur Kur vorher … Da steigt ein Gefühl in dir hoch. Weihnachten! Schon will man wissen, was du dir wünschst. Dass Weihnachten nicht komme, wünschst du dir. Oder nicht so bald.

Noch drei Monate!

Anfang Oktober: die Kataloge, Philip Morris Design Shop, Manufactum. Heine, formschöne Saftpressen, unbesiegbare Radiowerke, Füllfederhalter, dick wie Maiskolben. Da wird man in der Not was kriegen. Das ist dein Netz. Das entspannt dich wieder.

Dann aber Dezember. Komischerweise hast du da immer besonders viel Arbeit. Eines Abends fragst du deine Frau: was sie sich wünsche. (Vielleicht sagt sie ja was.) Im September hat sie mal gesagt, was sie sich wünsche, so en passant. Das hast du vergessen. Sie, jetzt schnippisch. Ob dir nichts einfalle? Natüüüüürlich, sagst du, wolltest nur wissen, ob zusätzlich zu dem, was du bereits habest, noch ein klitzekleiner Wunsch da sei ...

Nein, nichts. Sie freue sich auf die Überraschung.

Ächz. Ein Fehler! Der Druck wird groß. Du spürst ihn, oh, wie du ihn spürst.

Du kaufst jetzt kleinere Dinge, Onkel, Tanten. Dann die schwierigeren, Schwiegereltern. Den Sohn, dafür sorgt deine Frau. Und deine Frau selbst?

Noch drei Tage.

Du hast nichts. Du musst den Christbaum ... Und den Wein ...

Noch zwei Tage.

Mal in die Schmuckgeschäfte! Letztes Jahr hast du ihr einen Ring geschenkt, vorletztes eine Kette. Diesmal: Armreif? Armreife sind schwierig. Die Schmuckidioten machen alles Mögliche, nur keine guten Armreife. Alles mächtig, fett, protzig. Nichts Feines, Zartes, das ihre Persönlichkeit, ihr Fühlen träfe.

Noch einen Tag.

Vor sechs Monaten hast du einen tollen Reif gesehen. Hast aber nicht an Weihnachten gedacht. Idiooooott! Jetzt gibt es nichts. Warum musstest du dich auf Armreife festlegen? Bist nicht flexibel genug. Steckst nun in der Sackgasse.

In der Maximilianstraße hast du mal was Schönes für sie gekauft. Arschteuer, Schweißausbruchteuer. Egal jetzt.

Noch zwei Stunden!

Du kannst nicht ohne was kommen. Kannst ihr keinen Gutschein geben. Kannst nicht sagen, das Geschenk sei gestohlen worden. Kannst nicht sagen, auf der ganzen Welt gebe es keinen Gegenstand, schön genug für sie. Ob der Laden noch offen hat? Du schwitzt. Kann sein, dass heute Abend alles zu Ende ist. Dass deine Hände leer sein werden. Dass es dein letztes Weihnachten ist. Dass sie weint. Dass dein Sohn sie trösten muss.

Du stürzt ins Geschäft. Der Laden zur letzten Hoffnung. Geben Sie mir einen Armreif, Mann! Sie haben doch nur diesen einen? HER! Hier geht's um die Existenz. Du wirst sagen, dass er zu ihr passt. Du weißt genau, dass er nicht zu ihr passt. Du weißt, dass sie das auch sagen wird. Du wirst sagen, dass du es anders siehst. Wirst quatschen. Dass der klobige Reif ihre Zartheit betont. Die Eleganz ihres Handgelenkes hervorhebt. Dass aus diesem Widerspruch Spannung erwächst. Dass du das schön findest.

Kann man umtauschen? Kann man. Wird man. Ich komme wieder. Erst mal schenken. Das ist jetzt das Wichtigste. Nächstes Jahr wirst du die Geschenke übers Jahr verteilt kaufen. Hier was mitnehmen, da was auswählen, dort was bestellen. Sehr locker sein.

Heli Busse

## SO EINFACH IST WEIHNACHTEN NICHT 🎄 Fer.

»Und nun«, sagte der Vater und setzte sich mit Onkel Emil genießerisch in den Sesseln zurecht, »wollen wir mal eine von den Zigarren rauchen, die ihr uns geschenkt habt.«

»Was? Jetzt vor dem Mittagessen die guten Zigarren? Die hebt euch mal schön auf!«, befahl die Mutter und nahm ihnen die Zigarren wieder aus dem Mund. Da guckten die beiden eine Weile dumm vor sich hin und nahmen schließlich schüchtern Zigaretten. Der Vater suchte lange nach einem Streichholz, bis ihn Tante Alma liebevoll auf das Feuerzeug aufmerksam machte, das sie ihm geschenkt hatte. Er drückte insgesamt siebenundachtzigmal, bevor er den Witz vom Tausendzünder machte. Da nahm ihm Tante Alma das Feuerzeug weg, sagte: »Du machst es noch kaputt!« – und ging mit verkniffenem Gesicht in die Küche.

Die Kinder rasten inzwischen mit den geschenkten Autos und Traktoren durch die Stube. Der Lärm dabei war so echt, dass Onkel Emil sagte: »Nun hört mal endlich auf! Ihr werdet die Dinger noch kaputtmachen.« Da packten die Kinder die Autos weg und sahen zu, wie der Vater versuchte, die geschenkte Schnapsflasche zu entkorken. Er hatte gerade wieder ein Stück Korken raus, als Tante Alma aus der Küche zurückkam, die Lage mit einem Blick durchschaute, die Schnapsflasche sicherstellte und hart sagte: »Sauft nicht so viel!«

»Aber wir haben doch noch gar nicht«, behauptete der Vater erbittert. Tante Alma blickte ihn nur einmal kurz an. Da war ihm, als hätte er doch schon. Und sie sprach weiter: »Ich werde mir jetzt die neue Bluse anziehen, die du mir geschenkt hast, was Emil?«

Onkel Emil richtete einen Blick zur Decke und sprach so nebenhin, dass es zwar bedauerlich sei, er sie aber nicht daran hindern könne, das eben gekaufte neue Stück zu versauen und mit Bratensoße zu bekleckern, worauf Tante Alma unter Mitnahme der Bluse abermals mit verkniffenem Gesicht in die Küche ging.

Die Absicht des Vaters, die Schnapsflasche nunmehr dennoch zu entkorken, scheiterte an der Wachsamkeit der Kinder. »Tante Alma!«, brüllte das jüngste, »sie saufen schon wieder!«

Onkel Emil hielt seine zuckende Rechte mit der Linken fest, reichte dem lieben Kleinen statt des Beabsichtigten einen Teddy aus Pfefferkuchen und sprach mühsam beherrscht: »Pst, pst! Ei sieh mal, was deine Tante Alma für dich gebacken hat: einen Teddybären!«

Der Junge schüttelte den Kopf und behauptete, das Tier sei kein Teddy, sondern ein Pferd.

»Das ist doch kein Pferd, das ist ein Teddy!«, sagte Tante Alma, die wegen des Schnapsalarms herbeigeeilt war. Der Jüngste biss in den Tierpfefferkuchen und erklärte sachlich: »Es ist kein Teddy, es schmeckt nach Pferd!«

Bevor Tante Alma wieder Luft bekam, stürzte die gute Mutti ins Zimmer, riss dem Kind den Pfefferkuchen zwischen den Zähnen hervor und rief: »Auf keinen Fall isst du das vor dem Mittagessen! Was meinst du, Vater, soll ich den neuen Rock anziehen?«

Der Vater zuckte mit den Schultern und erklärte gleichgültig: »Wenn du mein Geschenk so wenig achtest – bitte! Ich hatte ihn dir an sich für besondere Gelegenheiten geschenkt.«

Da gingen die beiden Frauen heulend in die Küche zurück, aus der es bereits nach Gans oder irgendeinem anderen angebrannten Tier gar appetitlich duftete.

Und da der Vater abermals an der Schnapsflasche herumzufummeln begann, grölte diesmal der Älteste: »Sie saufen schon wieder!«

Die Frauen stürzten ins Zimmer, die Kleidungsstücke, die sie heimlich anziehen wollten, in den Händen. Alle schämten sich, von den Kindern abgesehen, die gerade klebrige Bonbons in das Teppichmuster einarbeiteten.

»Schluss jetzt!«, sprach der Vater ernst. »Jeder legt sein Geschenk wieder unter den Baum!«

So geschah es. Da lagen die Bluse, der Rock, das Feuerzeug, die Autos und Traktoren, die Zigarren und Pfefferkuchen, und da stand die Schnapsflasche.

»Schön, unsere Geschenke!«, sagten alle und dachten wütend: Wenn man doch bloß richtig ran könnte!

Heinz Erhardt

## DIE WEIHNACHTSGANS

Fer.

Tiefgefroren in der Truhe
liegt die Gans aus Dänemark.
Vorläufig lässt man in Ruhe
sie in ihrem weißen Sarg.
Ohne Kopf, Hals und Gekröse
liegt sie neben dem Spinat.
Ob sie wohl ein wenig böse
ist, dass man sie schlachten tat?
Oder ist es nur zu kalt ihr,
man sieht's an der Gänsehaut.
Na, sie wird bestimmt nicht alt hier,
morgen wird sie aufgetaut.
Hm, welch Duft zieht aus dem Herde,
durch die ganze Wohnung dann.
Mach, dass gut der Braten werde –
morgen kommt der Weihnachtsmann.

Ernst Röhl

# ALLE JAHRE WIEDER

Als unsere Zwillinge Olli und Dolli zweieinhalb waren, feierten wir das Weihnachtsfest noch friedlich und gemütlich. In feuchten Pampers hüpfte unsre kleine Dolli immer um die Nordmanntanne rum und jubelte: »Einmachbaum, Einmachbaum!«

Oma war unheimlich stolz auf Dollis sprachliche Fortschritte. Opa strahlte mit den Kerzen um die Wette. Unser kleiner Olli spiegelte sich in den silbrigen Weihnachtsbaumkugeln und betrachtete verliebt seine ins Gigantische verformte Knollennase.

Den Sack mit den Geschenken hatte der Einmachmann heimlich vor der Wohnungstür abgestellt. Gesehen hatte ihn keiner, aber er musste wohl dagewesen sein; denn plötzlich hatte es geheimnisvoll geläutet.

»Das isser!«, rief Opa.

Die Kinder erstarrten. Im Treppenhaus stand aber, wie bestellt und nicht abgeholt, bloß ein einsamer Gabensack rum.

»Kinder«, rief die Mutti, »kommt schnell, der Einmachmann war da!«

Als die Zwillinge dreieinhalb waren, nannten auch sie den Einmachmann längst Weihnachtsmann und fieberten, genau wie der Einzelhandel, schon ab Mitte August Knecht Ruprechts Erscheinen entgegen. Darum hatten wir einfach keine Wahl: Wir mussten ihn unbedingt leibhaftig und höchstpersönlich auftreten lassen.

Für diese Rolle engagierten wir einen begabten Volkskünstler, nämlich Onkel Andreas. Tante Annelie hatte sich gerade erst von ihm scheiden lassen, und Onkel Andreas war, wie sich bald herausstellte, über den Trennungsschmerz noch nicht hinweg. Um ihn auf weihnachtliche Gedanken zu bringen, beschaffte ich einen Purpurmantel mit Kapuze sowie einen schlohweißen Wallebart. Die Rute stammte komplett aus dem Stadtparkgebüsch.

In der Vorweihnachtszeit übten unsere Zwillinge fleißig Lieder ein, mit denen sie dem Weihnachtsmann für seine vielen Geschenke danken wollten. Dolli entschied sich für den Titel »O Tannenbaum, o Tannenbaum ...«, Olli für das Volkslied »Heute hau'n wir auf die Pauke, und wir machen durch bis morgen früh ...«

Am Heiligen Abend stieg schon früh am Morgen die Spannung ins Unerträgliche. Alle fünf Minuten fragten die Kinder zweistimmig: »Wann kommt er? Wann kommt er denn endlich?«

»Keine Ahnung«, sagte ich. »Der Weihnachtsmann hat schrecklich viel zu tun. Er muss ja auch noch Millionen anderer Kinder bescheren.«

Zu Tode betrübt blickten die beiden von tief unten zu mir herauf, und ihre Augen füllten sich mit heißen Tränen.

Und tatsächlich, schon nach Einbruch der Dämmerung pochte es laut und vernehmlich an die Wohnungstür. Die Zwillinge flitzten ins Wohnzimmer und suchten Schutz hinter dem Lichterbaum.

Ich öffnete.

Der Weihnachtsmann in seinem Purpurmantel taumelte herein und schmetterte aus vollem Hals ein altehrwürdiges Weihnachtslied. Die Melodie stimmte einigermaßen, der Text aber war nur bedingt jugendfrei. Er stammte aus der Feder von Onkel Andreas, und die erste Strophe lautete folgendermaßen:

>*»Alle Jahre wieder*
>*kommt deher Weihnachtsmann –*
>*Frauen, schließt das Miedeher,*
>*rettehe sich, wer kann ...«*

Der Weihnachtsmann war zwar absolut unmusikalisch, doch ihn zeichnete die Stimmkraft eines Bayreuther Heldentenors aus, und außerdem hatte dieser Himmelhund eine Fahne wie tausend besoffene Russen. Sogar die Kerzen begannen erschrocken zu flackern. Hastig pusteten wir sie aus, um einer Feuersbrunst vorzubeugen.

»Durst ist schlimmer als Heimweh«, lallte der Weihnachtsmann, »und man wird doch wohl mal fragen dürfen, ob der Weihnachtsmann in diesem Haushalt nicht vielleicht einen kleinen Absacker kriegen könnte!«

»Leider nein«, sagte ich. »Aber was ich dich fragen wollte, lieber Weihnachtsmann – wo ist denn eigentlich dein lieber Sack mit den Geschenken für die lieben Kinder?«

Der Weihnachtsmann hielt inne, tastete mit der linken Hand nach der rechten Schulter, mit der rechten Hand nach der linken Schulter, wurde aber weder hier

noch da fündig und brüllte mit größter Lautstärke: »Ach du Scheiße!«

Die Kinder gingen hinter dem Opa in Deckung.

»Ach du lieber Gott«, barmte die Oma, »wo sind wir bloß hingeraten, ein Weihnachtsmann, der den Sack in der Kneipe vergisst!«

Doch es kam noch schlimmer. Statt sich Asche aufs Haupt zu streuen, ging der Weihnachtsmann in die Offensive und belegte mich minutenlang mit Anwürfen und Anschnauzern. »Weissu, wassu bist?!«, fragte er mit schwerer Zunge. »Eine Gesäßvioline bissu! Und ein Erfüllungsgehilfe des kapipalischtischen Konsumterrors!«

So wetterte dieser stark angeheiterte Weihnachtsmann aus der Unterschicht.

Ich hätte ihn am liebsten erwürgt.

Die Mutti hielt sich die Ohren zu.
Die Oma hielt sich die Augen zu.
Der Opa knirschte mit den Zähnen.
Und die Kinder fürchteten sich sehr.

Als die Zwillinge viereinhalb waren, hatte Onkel Andreas bei uns schon lange Hausverbot.

»Diesmal muss der Papa ran!«, entschied meine Frau.

Wieder hatten die Zwillinge sich langfristig vorbereitet, und eigentlich konnte gar nichts schiefgehen. Der Weihnachtsmann war nüchtern wie tausend anonyme Alkoholiker. Eine Larve verlieh meiner majestätischen Erscheinung den Ausdruck von Milde und Güte.

»Von drauß' von Eberswalde komm ich her«, sprach ich mit konspirativ verstellter Stimme.

Die Kinder spitzten die Ohren. Mit gesundem Misstrauen musterten sie den Weihnachtsmann aus Eberswalde. Irgendetwas an ihm kam ihnen bekannt vor, irgendetwas war ihnen verdächtig, und mir wurde heiß und heißer unter Larve und Purpurmantel. Dann fasste Dolli sich ein Herz.

»Der Weihnachtsmann«, flüsterte sie atemlos, »der Weihnachtsmann, der redet ja genau wie Papi!«

»Er hat ja auch Papis Gummistiefel an ...«, rief Olli, der olle Petzer, »und Papis grüne Gartenhandschuhe auch!«

»Au weia!« Aufgeregt nagte Dolli an ihrer Unterlippe.

Ich schwitzte Blut und Wasser.

»Wo ist denn überhaupt Papi?«, fragten beide wie aus einem Munde. »Wo isser? Warum kommt er denn nicht?«

»Keine Ahnung«, muffelte ich kleinlaut, »dafür bin ich nicht … äh … kompetent, und das ist in diesem Augenblick auch nicht relevant, ich soll hier bloß den Gabensack abliefern.«

Dann ergriff ich die Flucht und tauchte fünf Minuten später wieder auf – natürlich im Kostüm des biederen Familienvaters, fröhlich pfeifend, als wäre nichts gewesen. Die Zwillinge raschelten in einem Riesenhaufen bunten Geschenkpapiers und packten immer weitere Päckchen aus. Feindselig, geradezu hasserfüllt musterten sie mich.

Auch die Oma schüttelte missbilligend das Haupt. »Einmachmann!«, zischte sie in meine Richtung.

Unter diesen Bedingungen fiel mir nichts Besseres ein, als die Hände über dem Kopf zusammenzuschlagen und mich hemmungslos zu wundern: »Sagt bloß, Kinder, der Weihnachtsmann war schon da?!«

Meine Frau drohte mir mit dem Zeigefinger: »Gib dir keine Mühe, Sportsfreund! Sie sagen, Onkel Andreas hätte ihnen viel, viel besser gefallen.«

Fritz Bernhard

# DER UNKORREKTE TANNENBAUM

»Meine liebe Frau! Liebe Kinder!«, holte der Kritiker Peterkarl Busonius zu seiner Weihnachtsansprache aus, die er, neben dem Lichterbaum stehend, alljährlich an die vor ihm angetretene Familie richtete. »Soeben haben wir miteinander ein Lied gesungen, dessen Worte uns allen von frühester Kindheit an wohlvertraut sind und das zu dem Lichterbaum gehört wie sein Nadelkleid. Aber haben wir uns auch einmal Gedanken über die Worte gemacht, ich meine, sind wir auch einmal kritisch an das herangegangen, was wir von unseren Eltern übernommen haben? Nein, meine Lieben, das sind wir nicht. Was haben wir soeben gesungen?«

»Männe, fass dich kurz«, meinte Frau Busonius, »ich habe die Kartoffeln für den Heringssalat auf dem Feuer.«

»Lass in dieser andachtsvollen Stunde deine Kartoffeln, Hildegard, und höre zu«, erwiderte der Kritiker tadelnd. »›O Tannenbaum‹ haben wir gesungen – Ruhe, unterbrecht mich nicht immerzu! Wir begingen, sage ich, schon in diesen zwei Worten einen Fehler, einen Pleonasmus. Denn dass eine Tanne ein Baum ist und kein Säugetier, ist doch wohl einleuchtend. Es würde also völlig genügen zu sagen – Bartholomäus, schiele nicht nach den Geschenken, sondern antworte! Was zu sagen würde völlig genügen?«

»›O Tanne‹, Papa«, sagte Bartholomäus, der Älteste.

»Es würde genügen und wäre dennoch falsch«, fuhr der Kritiker fort, »denn nicht Tannen sind es gemeinhin, die uns als Weihnachtsbaum dienen, sondern – Philippine, lass den Hund zufrieden, solange ich spreche. Was ist es vielmehr, das uns als Weihnachtsbaum dient?«

»Kiefern, Papa«, sagte Philippine und setzte den Hund auf den Boden.

»Unsinn, Fichtenspitzen sind es. Wir würden also richtigerweise singen – Fürchtegott, nimm die Hand aus der Hosentasche. Wie würden wir richtig singen, Fürchtegott?«

»›O Fichtenbaum‹, Papa.«

»Nicht Baum, Dummkopf, sondern?«

»›O Fichte‹, Papa.«

»Gut. Weiter. Es heißt in der zweiten Zeile: ›Wie grün sind deine Blätter‹, und wieder haben wir Anlass zu ernster Kritik. Dass der Autor von Blättern spricht, obwohl die Tanne bekanntlich zu den Koniferen oder Nadelhölzern zählt, ist geradezu himmelschreiend. Noch schwerwiegender aber scheint mir die Formulierung ›wie grün‹, denn sie setzt voraus – dass du mir jetzt aber endlich das Lutschen am Bonbon unterlässt, Eulalie!«

»Wo soll ich denn hin damit?«, widersprach die Jüngste.

»Gib ihn dem Hund und höre zu. Die Formulierung ›Wie grün sind deine Blätter‹ will besagen, dass die Blätter sehr grün sind. Das aber setzt voraus, dass man eine Farbe steigern kann. Die Komparation von Farbtönen ist jedoch Nonsens. Es ist etwas grün oder hellgrün oder dunkelgrün, niemals aber grün, grüner oder am grünsten. So hätte der Autor also richtig sagen müssen – Eulalie, du lutschst ja immer noch. Und zwar woran?«

»An meinem Zahn, Papa«, sagte die Kleine, »soll ich den auch dem Hund geben?«

»Nein, zuhören sollst du. Wie muss das Lied richtig beginnen, Bartholomäus?«

»›O Fichte, o Fichte, deine Nadeln sind grün‹, Papa«, sagte der Älteste.

»Richtig«, lobte der Kritiker, »da es aber eine Selbstverständlichkeit ist, dass die Nadeln der Fichte grün sind, ist die gesamte Aussage hinfällig und hätte längst dem Rotstift zum Opfer fallen müssen. Was folgt hieraus? Es folgt, dass der Autor unseres schönen Liedes leider sehr unkorrekt, sehr oberflächlich gearbeitet hat, so dass der kritische Sinn den Eindruck gewinnt, dass er, als er die Verse niederschrieb, gar nicht recht bei der Sache war. Und dennoch, ihr Lieben, haben wir das Lied gesungen.«

»Aber Papa«, unterbrach die Jüngste, »wir haben doch –«

»Du sollst nicht immer dazwischenreden«, wurde der Redner böse, aber da Eulalie einen Flunsch zog, lenkte er ein: »Was haben wir doch?«

Da rief die ganze Familie: »Wir haben doch ›O du fröhliche‹ gesungen!«

Mathias Wedel

# DANKE!

Um die Dankbarkeit der ostdeutschen Teilbevölkerung ist es immer noch schlecht bestellt. Ostler können einfach nicht Danke sagen. Besonders meine Tochter kann das nicht. Vorige Weihnachten sagte sie zu ihrer Oma, die betont langsam das Geschenkpapier zusammenfaltete (für die nächsten Weihnachten): »Oma, du bist ja immer noch da.«

»Ja«, sagte ich sehr akzentuiert, »deine liebe, alte Oma wartet noch auf ein liebes, altes, kleines Wörtchen.«

Jetzt überlegte das beinahe erwachsene Kind, um welches liebe, alte und kleine Wörtchen es sich wohl handeln möge. Dann kam es drauf: »Wieso, muss man jetzt schon bitte sagen, damit sie wieder geht?«

Oma war den Tränen nahe. Eine mit den Tränen kämpfende Oma – so was muss ja bei der nächsten Generation Aggressionen freisetzen.

»Ja doch. Ich habe mich ja über das ganze Zeug gefreut, ehrlich«, brüllte das Kind. Omas Antlitz hellte sich auf – gleich würde es fallen, das Wörtchen, das Herzen erwärmt! »Aber«, setzte das Mädchen hinzu – und in diesem Moment hätte ich meiner Tochter ins Wort fallen müssen, doch ich war nicht schnell genug, ich habe versagt – »in jeder Minute verhungern auf der Welt dreißig Kinder. Und was machst du, Oma? Du schleppst hier diesen ganzen muffigen Wohlstandsmüll an – das ist ja zum Kotzen!«

Zum Kotzen – wer sie kennt, weiß, die meint es nicht so. Sie meint es sogar ganz und gar andersrum. Zum Kotzen – das ist eben ihre Art danke zu sagen. Man muss sich auch mal in die komplizierte Psyche so eines jungen Menschen hineinversetzen. Die Wissenschaft hat festgestellt, dass Jugendliche ihre Zuneigung zumeist in Form verbaler Handkantenschläge ausdrücken. Oder nonverbal.

Geschlagen hat das Kind seine Oma am Heiligabend aber nicht. Das muss man ihr zugutehalten. Doch sie riss die eben bescherte reizende Handtasche vom Gabentisch und schrie ihre lang aufgestaute Wut über den globalen Nord-Süd-Konflikt in den Heiligen Abend hinaus:

»Made in Taiwan! Oma, schämst du dich nicht – erst habt ihr diese Menschen zu Sklaven eurer Herrenrasse gemacht ...« Oma klappte den Mund auf, als wollte sie etwas erwidern. Vielleicht wollte sie sagen, dass sie nur für acht Wochen beim BDM gewesen sei und schon deshalb zum Zweiten Weltkrieg keinen strategischen Beitrag hatte leisten können. Aber das hätte ihr auch nichts genützt. »... und jetzt versklavt ihr diese herrlichen Menschen, indem ihr sie zur Billigproduktion eurer Weihnachtsscheiße presst!«

Ich eilte in die Küche, um für Oma einen Schnaps zu holen.

Ein böses Schweigen klang aus dem Wohnzimmer herüber. Dann rief Oma: »Komm rein und versteck dich nicht in der Küche. Ich will, dass du als Vater hörst, was ich deiner Tochter zu sagen habe!«

Zitternd begab ich mich wieder in den Lichtkreis des Gabentisches. Oma würde mir jetzt vormachen, was gegen Undankbarkeit zu tun ist. Vielleicht würde sie sagen, dass sie zur ersten Nachkriegsweihnacht schon über ein Kopftuch glücklich war, das aus den Fußlappen eines Stalingradsoldaten gebunden war.

Das sagte Oma dann doch nicht. Oma sagte: »Weihnachtsscheiße – na, gut. Aber Billigproduktion? Billig nennst du diese Handtasche? Kindchen, das ist Rindsleder!«

»Rindsleder?«, jaulte meine Tochter und warf sich auf den Boden. »Ein unschuldiges Tier musste sein Leben lassen, bluten und leiden, damit du mir diese nuttige Tasche an den Hals schmeißen kannst! Ich fasse es nicht!«

Das war vorauszusehen. Erst die verhungerten Kinder, dann die geopferten Rinder – so ist es immer, wenn meine Tochter danke sagen soll.

Kürzlich hatte sie Geburtstag. Ich habe ihr 50 Euro geschenkt. Der Einfachheit halber habe ich die Summe gleich an die militanten Tierschützer überwiesen. »Na, schönen Dank auch!«, sagte das Mädel.

Na bitte, was will man mehr?

Torsten Schulz

# DURCHKOMMEN

Dass ich mich mit meinen westdeutschen Schwiegereltern so gut verstehe, liegt vor allem an Weihnachten. Genauer gesagt, am Weihnachtsbaum, am Weihnachtsliedersingen und am Mensch-ärgere-dich-nicht-Spielen: Franz, der Vater meiner Lebensgefährtin Lina, Siemens-Ingenieur a. D., ist 82 Jahre alt und so spillrig und gebeugt, wie Karl Valentin es war. Mit seinem vergleichsweise riesigen Fahrrad kann er immer noch sehr schnell bergab und mit erstaunlicher Zähigkeit bergan fahren.

Sehr zum Verdruss seiner vierzehn Jahre jüngeren Frau Gertrud fährt Franz prinzipiell erst am Vormittag des Heiligen Abends zum Erlanger Marktplatz, um einen Weihnachtsbaum zu kaufen, dessen Preis wegen des späten Termins deutlich gemindert ist. Warum teuer, wenn's auch billig geht? Damit war er mir gleich sympathisch, kenne ich doch dieses Motto nur allzu gut aus meinem DDR-proletarischen Elternhaus.

Allerdings sind die Zweige an solchen späten Weihnachtsbäumen schon plattgedrückt oder abgefallen, so dass Franz zum vormaligen Fest auf die Idee kam, nicht einen, sondern zwei Bäume zu kaufen, in den Stamm des einen Löcher zu bohren und in diese Löcher Zweige des anderen Baumes zu stecken. Leider waren schon am ersten Weihnachtsfeiertag die hinzugefügten Zweige braun gefärbt und hatten ihre Nadeln verloren.

Gertrud brach in Tränen aus. Ich versuchte sie mit der Geschichte von meiner Großmutter zu trösten, die zu Ostberliner Zeiten von zusammengespartem Westgeld in Westberlin eine Tanne kaufte, welche das Prunkstück des Festes sein sollte, aber, kaum in der Wohnung aufgestellt, alle Nadeln verlor. Zum Trotz behängte meine Großmutter den nackten Baum mit so viel Lametta, dass man ihn überhaupt nicht mehr sehen konnte, und betonte immer wieder, noch nie eine so schöne Weihnachtstanne gehabt zu haben.

»Die arme Frau«, sagte Gertrud, wischte sich die Tränen ab und fand ihr Wohlbefinden wieder, indem sie feststellte: »Jaja, im Westen ist nun mal nicht alles Gold, was glänzt.«

Was Gertrud am Herzen liegt, ist sowieso nicht der äußerliche, sondern der feierliche Glanz von innen – und der zeigt sich nach ihrer Auffassung am schönsten, wenn die ganze Familie nach dem Kirchgang im Wohnzimmer vereint Weihnachtslieder singt, auch wenn außer Gertrud eigentlich niemand singen will.

»Ihr Kinderlein kommet, o kommet doch all, zur Krippe her kommet in Bethlehems Stall ...«

Schwiegervater Franz, Lina, ihre Schwester Heike, der Schwager Dusan, der Bruder Jens, die Schwägerin Susan, sie alle singen widerwillig, aber trotzdem ordentlich den von Gertrud für jeden kopierten Text. Bei mir ist es genau umgekehrt: Ich singe mit Inbrunst, aber mit Inbrunst falsch, zugegeben, absichtlich falsch. Wie einem alten Reflex folgend: Mitmachen, aber durch Übertreibung ins Ironische oder Parodistische eine Art von Gegenwehr aufzeigen. Gertrud ist zu Tränen gerührt: Im Osten war es ja nicht üblich, das deutsche Liedgut zu pflegen, und trotzdem bemüht sich der neue Schwiegersohn, das Beste zu geben.

So weit, so liebevoll. Meine Sternstunde jedoch schlägt am Abend nach der Bescherung, wenn die Familie traditionell »Mensch ärgere dich nicht« spielt. Dieses Spiel bringt es jedes Mal mit sich, dass bis dahin zurückgehaltene Emotionen schnell auf den Siedepunkt kommen.

Der erste Streit fängt damit an, dass bei acht Personen nur vier spielen können, doch außer Gertrud und mir eigentlich alle verzichten möchten. Genau das ist aber für meine Schwiegermutter ein guter Grund, nicht nur eine, sondern mehrere Partien zu spielen und dabei das Rotationsprinzip walten zu lassen – damit jeder mal drankommt.

Der zweite Streit hängt mit den Farben der Spielfiguren zusammen: So wie meine Großmutter zu Zeiten meiner Kindheit nie Rot haben wollte, weil das die Farbe der Kommunisten ist, besteht Linas Schwägerin Susan mit einer Vehemenz auf Rot, dass niemand es wagt, ihr diese Farbe streitig zu machen. Susan stammt aus Malta, lebt mit Linas Bruder Jens in London und ist felsenfeste Katholikin. »Aha, the colour of the devil«, nicke ich verständnisinnig. Alle überhören höflich meinen blasphemischen Scherz, denn ich komme ja aus einem Land, in dem es Religion quasi nicht gab. Gertrud, um das Thema schnell zu wechseln, wirft Franz vor, sich wieder mal nicht entscheiden zu können. Dieser Vorwurf ist falsch, denn Franz hat sich längst entschieden: Um niemandem etwas wegzunehmen, will er die Farbe, die übrig bleibt.

Wenn wir dann endlich spielen, ist es ihm unangenehm, eine Sechs zu würfeln oder gar einen anderen rauszuschmeißen. Geradezu peinlich ist es ihm, auf die Gewinnerbahn zu kommen. In diesem Fall bemüht er sich, Fehler zu machen, die wir möglichst nicht sehen sollen, was aber bei unseren Argusaugen so gut wie ausgeschlossen ist.

Wenn Lina nicht gewinnt, fängt sie prinzipiell an, Gertrud vorzuwerfen, ihr wie jedes Jahr auch diesmal etwas völlig Unbrauchbares, Überflüssiges und somit Ärgerliches – einen Spiegel, eine Schale oder einen sonstigen Haushaltsgegenstand – geschenkt zu haben. Da Lina leider immer verliert und ihre Mutter mit Geschenken immer schiefliegt, ist der Streit unvermeidbar. Wenn Gertrud dann in Tränen ausbricht, Linas Schwester Heike etwas von »bloß weg« und »nächstes Jahr nie wieder« schreit, ihr serbischer Ehemann Dusan, der nie ein Wort sagt, unter den Tisch greift, als wolle er eine Kalaschnikow hervorziehen und kurzen Prozess machen – dabei kratzt er sich nur am Fuß –, Gertrud schließlich schluchzt, sie habe es doch nur gut gemeint und sich so angestrengt, und Franz vor lauter Zurückhaltung am liebsten unter dem Mensch-ärgere-dich-nicht-Brett verschwinden würde, dann ist für mich die Gelegenheit gekommen, noch einmal, damit auch Susan mich verstehen kann, mein Englisch zu präsentieren, das im russisch dominierten Osten so gedieh, wie es eben gedieh. Ich lege meine Hand auf Gertruds Arm und flüstere: »You have right, Gertrud. You have hundred Prozent right.«

Später am Abend, wenn sich die familiären Wogen etwas geglättet haben, geht Gertrud in die Küche, um den Schlummertrunk, wie sie sagt, zu holen. Ich folge ihr unaufgefordert, damit sie nicht die acht Gläser und die Flasche Wurzelpeter tragen muss – die wirklich guten Schwiegersöhne kommen eben aus dem Osten –, und Gertrud belohnt mich, indem sie plötzlich innehält und mir verschwörerisch zuflüstert: »Durchkommen, Torsten. Das ist meine Devise. Verstehst du? Durchkommen.«

Überflüssig zu antworten, dass genau das mein Grundsatz in der DDR war. Wir verstehen uns ohne Worte.

Nach nur einem Gläschen Wurzelpeter verwandelt sich bei allen die Anspannung in Müdigkeit. Ohne Verzug gehen die Paare auf die jeweiligen Zimmer. So endet der Heilige Abend, wie es sich gehört, doch noch friedlich.

Günter Herlt

O PANNENBAUM

Die schwierigste Frage vor Weihnachten ist in unserer Familie nicht: »Wem schenkt man was?«, sondern: »Wer nimmt Opa?« Da unser Opa seit drei Jahren Witwer ist, müssen wir ihm »Asyl« gewähren.

Nun gibt es aber zweierlei Opas: Manche hocken sich aufs Sofa und stehen erst zur Abreise wieder auf. Unser Opa wieselt aber hektisch durch alle Zimmer, entdeckt alle Macken zwischen Keller und Dach und arbeitet den ganzen Heimwerker-Katalog ab. Was meist in eine Katastrophe führt.

Voriges Jahr war es der Weihnachtsbaum. Opa kam rein und rief: »Was habt ihr denn da für eine Krüppelkiefer aufgestellt?«

Und schon stieg er wieder in seinen FIAT Punto und rappelte los zum Baumhändler am Markt. Dort angelte er eine Import-Tanne von zwei Meter fünfzig hervor, deren Preis vermuten ließ, dass seine Majestät der König von Schweden persönlich den Baum gepflanzt und gegossen hatte. Weil aber Opas Kleinwagen die Großtanne nicht bändigen konnte, verfrachtete er deren Unterleib auf den Beifahrersitz und ließ den Rest aus dem Kofferraum ragen. Da er jedoch keine Warnflagge dabei hatte und eine Einfahrt blockierte, kamen zum Tannengeld von achtzig Euro noch mal einhundertzwanzig plus fünfzig Euro hinzu – Abschleppkosten und Bußgeld. Doch dann stand er mit dem Prachtbaum in unserer Stube.

Ich sagte: »Der ist doch viel zu lang!«

Opa meinte: »Das macht rein nuscht nich, Junge, da nehmen wir unten was ab.«

Ich fiedelte eine halbe Stunde an dem armdicken Ende herum, bis ihm einfiel: »Moment mal. Da muss ja noch die Spitze mit dem Stern rauf. Nimm mal lieber noch zwanzig Zentimeter unten ab!«

Damit war ich die nächste halbe Stunde beschäftigt. Als ich in die Küche ging, um ein Pflaster für die Blasen an meinen Händen zu suchen, rief Opa: »Nu lauf mal nich weg! Mir fällt da gerade ein, dass wir ja auch den eisernen Fuß unten mitrechnen müssen. Aber das macht rein nuscht nich, da nehmen wir eben oben was weg!«

Die Gretchenfrage war nun aber, ob der dicke Baum auch in den engen Fuß passen würde. Das tat er nicht. Worauf Opa meinte: »Das macht rein nuscht nich,

Junge. Da spitzen wir den Stamm unten einfach ein bisschen an.«

Ich sagte: »Dann musst du aber den Baum schön festhalten.«

»Na klar doch!«, sagte Opa. »Man bloß, ich kann mich nicht so lange bücken mit meinem Kreuz. Fass mal an, wir legen das Vehikel auf den Tisch!«

Was auch geschah. Aber dank der von Archimedes entdeckten Hebelwirkung wedelte der Baum die Vase vom Tisch, was meine Frau aus der Küche nachfragen

ließ, ob wir besoffen seien. Opa rief: »Wir haben alles im Griff!«

Ich fragte: »Ist er jetzt nicht ein bisschen zu klein, um auf der Erde zu stehen?«

»Richtig, Junge! Aber das macht rein nuscht nich, wir stellen den Krepel einfach auf den Tisch!«

Bei diesem Versuch ging die Deckenlampe zu Bruch. Doch dann stand der Baum endlich – leicht zerzaust – im Schein seiner strahlenden Lichter.

Die Kinder maulten: »Voriges Jahr war der Baum aber schöner!«

Meine Frau zischte: »Da hatten wir aber den lieben Opa nicht zu Besuch!«

Und ich addierte stumm, dass dieser Baum mit seinen Nebenkosten teurer war als alle Geschenke, die darunter lagen. Aber Weihnachten ist ja ein Fest der Liebe, da darf man nicht rechnen. Doch nächstes Jahr kaufe ich eine chinesische Plastiktanne, und Opa darf nur noch den Stecker in die Wand stecken!

Ditte Clemens

# SCHERBEN BRINGEN GLÜCK

*Sön Prusk. Feld.*
*Herm str.*

Jeder musste sie einmal nehmen. Dieses Jahr Weihnachten waren wir an der Reihe. Als sie uns auf dem Bahnsteig entdeckte, schwenkte sie ihr Handtäschchen wie ein Lasso über ihrem grauen Lockenkopf und rief mit Sopranstimme: »Hier bin ich, hier ist Tante Else.«

Bevor wir sie umarmen konnten, hatte sie mit ihrer Tasche einem Angestellten von der Bahn die Dienstmütze vom Kopf gefegt.

»Ojemine«, sagte Else und küsste mich vor lauter Verwirrung auf die Nase. Es beruhigte uns ungemein, dass der Zug, mit dem Tante Else gekommen war, weiterfuhr. Sie hatte also diesmal nicht zur Notbremse, statt nach ihrem Mantel, gegriffen.

Mein Mann und ich hakten Else links und rechts unter, als wir die Treppen des Bahnhofgebäudes hinuntergingen. Wir wollten Else ohne Gips über die Festtage bringen und Heiligabend nicht mit ihr in der Notaufnahme unseres Krankenhauses landen. Alle Gefahrenquellen hatten wir zu Hause bereits aus dem Weg geräumt. Die Vasen, die Pyramide und die Weihnachtsgestecke standen in solcher Höhe, dass Else selbst dann, wenn sie aus irgendeinem Grunde Luftsprünge machen sollte, sie nicht mehr erreichen konnte. Trotzdem fuhr uns seit gestern immer wieder der Schreck in die Glieder, wenn im Radio das Lied erklang »Morgen, Kinder, wird's was geben«.

Der Weihnachtsbaum war geschmückt. Vorsorglich hatten wir ein Abschleppseil von der Mitte des Stammes zum Griff der Balkontür gelegt. Wenn während des Festes die Tür verschlossen blieb, müsste es ihr unmöglich sein, wieder einmal eine Tanne zum Fallen zu bringen.

Abgesprochen war auch, dass sie auf der Fahrt nach Hause im Auto hinten sitzt. Aber Else bettelte: »Vorne sieht man doch viel mehr.«

Wir gaben nach, und Elses Augen strahlten wie Tannenbaumlichter. Nach wenigen Minuten Fahrt war sie bei ihrem Lieblingsthema. Ein Jahr hatte sie um ihren verstorbenen Mann getrauert. Nun zog sie wieder rosa Pullover und weiße Rüschenblusen an und schrieb neuerdings auf Annoncen.

»Ach, Kinder«, stöhnte sie, »anständige Männer sind so selten wie eine weiße Weihnacht. Stellt euch vor, da hat doch neulich einer annonciert ›Gestiefelter Kater sucht vollbusige Katze‹. Das kann doch nur ein Ferkel sein, oder nicht?«

Aber Tante Else versicherte uns auch, dass sie ihre Suche noch nicht aufgegeben habe, schon gar nicht in der Adventszeit. »Advent heißt doch Ankunft des Erlösers, oder nicht?«

Wir kamen gar nicht zum Antworten, denn unser Auto machte schon seit längerer Zeit seltsame Geräusche. Und außerdem gaben uns zwei Kinder durch die Rückscheibe ihres Wagens eigenartige Zeichen. Es sah aus, als ob sie sich bekreuzigen würden, und dann bewegten sie ihre Arme wie fliegende Engel.

»Irgendetwas stimmt bei uns nicht«, sagte mein Mann.

»Ja«, meinte Tante Else, »hört sich an, als würden wir gesteinigt werden.« Doch dann rief sie plötzlich »Ojemine« und öffnete während der Fahrt die Autotür. Mein Mann machte eine Vollbremsung. Mein Herz schlug so schnell, wie ich es nur aus meinen frühesten Kindertagen kannte, wenn mich wild flackernde Weihnachtsmannaugen aus einer zerknautschten Larve anstarrten. Der Wagen hinter uns blieb daumennageldick vor unserem stehen. Die Lippen der Fahrerin waren zu einem lautlosen »Oh!« geformt. Die Frau blickte so verstört wie der Porzellanengel, den Tante Else uns vor drei Jahren in vielen Einzelteilen zum Weihnachtsfest geschenkt hatte.

»Musst doch nicht extra anhalten, wenn ich nur mal kurz den Sicherheitsgurt einhole«, sagte Else zu meinem Mann, der die Farbe eines Schneemannes angenommen hatte. Den Rest der Fahrt sprach er kein Wort mehr. Dafür redete Else ohne Pause. »Neulich«, sagte sie, »hat ein Kaktus eine Lotusblume gesucht. Klingt ja erst mal gut, oder nicht? Aber das war vielleicht einer, dickfleischig, bedürfnislos und unrasiert.«

Und weil Else noch vor der Wohnungstür klagte, dass die meisten Männer heutzutage keine Manieren mehr haben, versuchte mein Mann, ihr in der Wohnung aus dem Mantel zu helfen. Zuerst sah es noch wie eine kleine Rangelei aus, dann jedoch wie ein Boxkampf. Als er es geschafft hatte, Tante Else von ihrem Mantel zu befreien, rann ihm eine dünne Blutspur von der Nase bis zur Oberlippe. »Ojemine«, jammerte Else. Sie hatte nichts dagegen, dass mein Mann sich einen Augenblick hinlegen wollte.

Tante Else und ich tranken allein Kaffee. Ihre mitgebrachten wohlriechenden Pfeffernüsse aßen wir mit Teelöffeln aus Müslischalen.

»Hab mich wohl aus Versehen im Zug draufgesetzt«, sagte sie lächelnd.

»Stell dir vor«, flüsterte sie mir zu, »da hat doch jetzt einer annonciert ›Krümelmonster sucht Keks zum Vernaschen‹, da weiß man wenigstens gleich, was einen erwartet.«

Wir diskutierten das nicht aus, weil mein Mann inzwischen wieder unter uns weilte. Aber er war gewiss nicht der Grund, dass Tante Else immer aufgeregter wurde. Mit ihrer Sopranstimme sang sie: »Aber Heidschi Bombeidschi«, und besonders laut war von ihr zu hören: »Wirst sehen, wie schnell alle Sorgen vergehen …«

Mein Mann und ich trugen das Kaffeegeschirr hinaus und baten Else, sich nicht von der Stelle zu rühren. »Lass dich mal richtig verwöhnen«, sagten wir.

»Aber den Abwasch, Kinder, den mach ich nachher«, rief sie uns nach.

Kurz vor sechzehn Uhr wurde Tante Else immer nervöser. Sie nötigte uns regelrecht, das Geschenk, das wir doch ganz bestimmt für sie hätten, rauszurücken. Dann bat sie um einen Plastebeutel und legte ihre Geschenke dazu.

»Was soll das?«, fragten wir.

»Gleich kommt der Weihnachtsmann«, antwortete Else.

Mein Mann schüttelte den Kopf: »Ganz bestimmt nicht.«

»Ich höre ihn schon«, ließ uns Tante Else wissen und strahlte, als es wenige Minuten danach klingelte.

Mein Mann ging zur Tür und kam mit verdutztem Gesicht und einem Weihnachtsmann zurück. Mit zackigem Schritt ging der Weihnachtsmann auf den geschmückten Baum zu, machte eine Kehrtwende und sagte: »Wir singen:

O Tannenbaum.«

Es klang fast wie ein Befehl. Mit einem Tempo, als wäre ein Rudel Wölfe hinter ihm her, sang der sehnig wirkende Alte. Else versuchte, ihm mit ihrer Sopranstimme zu folgen. Mein Mann und ich kamen überhaupt nicht hinterher. Unser Lied klang wie ein vielstimmiger Kanon. Der Weihnachtsmann war der Erste, der fertig war.

»Sehr gut, setzen«, sagte er, nachdem auch mein Mann endlich ausgesungen hatte. Else überreichte ihm den Plastebeutel mit den Geschenken. Und während ich noch überlegte, warum sie den Beutel nicht loslassen wollte, eilte mein Mann ihr zur Hilfe. Er riss den Griff vom Beutel durch, der sich wie eine Schlingpflanze um Elses Ringfinger gelegt hatte. Mit weitausgestreckten Armen hielt der Weihnachtsmann die Geschenke und las unsere Namen vor. Kaum war der Beutel geleert, wünschte er uns ein frohes Fest. Im Paradeschritt verließ er die Wohnung.

»Das war ja wohl nichts«, sagte Tante Else, »aber vielleicht ist der Nächste besser.«

Wir blickten uns entsetzt an.

»Kommen etwa noch mehr?«

»Keine Angst, nur noch einer«, tröstete uns Else. Mit Bedauern fügte sie hinzu: »Bei der Vermittlung hatten sie leider nur zwei, die in meinem Alter und außerdem noch alleinstehend sind.«

Eifrig sammelte sie die Geschenke wieder ein, um sie erneut im Plastebeutel verschwinden zu lassen. Es klingelte. Wir erhofften einen ebenso kurzen Auftritt, aber es kam ganz anders. Der zweite Weihnachtsmann klopfte energisch gegen die Tür. Mit Hilfe von Tante Else schaffte es jeder von uns, ihm ein Gedicht aufzusagen.

»Haben Sie etwas gegen Schillers ›Glocke‹?«, fragte Else schüchtern.

»Oh, nein, ganz im Gegenteil«, sagte der Weihnachtsmann. »Ich verehre diesen Dichter.«

Bei den siebenundzwanzig Strophen musste er Else nur zweimal weiterhelfen.

Als er die Geschenke verteilte, hatten wir das Gefühl, er habe sie eigens für uns ausgesucht und verpackt. Von

dem Lied, das er anschließend anstimmte, konnten wir zwar nur die erste Strophe, aber es war angenehm, ihm und Else zu lauschen. Nach dem dritten Weihnachtslied fragte mein Mann: »Wollen Sie nicht noch einen Moment Ihren Bart ablegen und ein Gläschen Glühwein mit uns trinken?«

Später brachte Tante Else ihn zur Tür. Als sie wieder hereinkam, leuchteten ihre Wangen wie kandierte Äpfel, und auf ihrem rosa Pullover waren außer Glühweinflecken nun auch weiße Wattebarthaarflocken.

Bei leiser Musik packten wir die Geschenke aus. Über Elses Wangen kullerten ein paar Tränen. Das angeraute Nachthemd, das wir ihr geschenkt hatten, konnte nicht der Grund für diesen Gefühlsausbruch sein, denn sie hatte es noch nicht ausgepackt. Sie hielt einen kleinen Zettel in der Hand und ließ uns strahlend wissen: »Ich hab die Nummer vom Weihnachtsmann.« Erneut kullerten Tränen.

»Lass sie mal einen Moment allein«, flüsterte mir mein Mann zu, als Else hinausging. Er legte den Arm um mich und sagte: »Hör mal, die Glocken, aber irgendwie klingen sie in diesem Jahr ganz anders.«

»Das sind nicht die Glocken«, antwortete ich, »das ist Tante Else, die macht – wie sie es versprochen hat – den Abwasch.«

Und wir wünschten beide sehr, dass ihr die Scherben demnächst Glück bringen.

Toni Lauerer

# DER WUNSCHZETTEL

*Oltm. Ferry Sön*

Sehr geehrtes Christkind, liebes Jesukindlein,

mein Name ist Björn Wurzbauer und ich werde sieben Jahre alt. Ich bin nicht ganz sicher, ob es Dich wirklich gibt. Falls ja, schreibe ich Dir jetzt diesen Wunschzettel. Falls nein, ist es sowieso wurscht und Du brauchst ihn gar nicht lesen. Jetzt ist zwar erst der 2. September, aber ich habe mir gedacht, ich schreibe schon jetzt, dann kannst Du die Sachen in Ruhe einkaufen und brauchst nicht so hudeln wie meine Mutter, wenn Besuch kommt.

Außerdem kriegst Du jetzt alles noch viel billiger, weil es im Angebot ist. Aber ich glaube, dass Du die Sachen eh nicht bezahlen musst, weil Du ja das Christkind bist. Oder stiehlst Du sie vielleicht in einem ganz großen Geschäft, wo es nicht auffällt, wenn etwas fehlt? Wahrscheinlich nicht, weil sonst würde Dich Dein Vater, der wo der Chef im Himmel ist, nicht mehr hineinlassen.

Im Prinzip ist es mir wurscht, wo Du die Sachen hernimmst. Hauptsache, ich kriege sie.

Oma hat gesagt, die meisten Geschenke kriegt der, der wo das ganze Jahr schön der Mama folgt und immer das tut, was die Mama will. Ich habe gesagt, das ist der Papa. Da hat die Oma gelacht und gesagt, das gilt natürlich nur für Kinder und nicht für große Leute.

Da war ich sehr froh. Ich mag zwar meinen Papa gerne, aber dass er die meisten Geschenke kriegt, vergönne ich ihm nicht. Außerdem raucht er, wenn die Mama nicht daheim ist, und als Belohnung, weil ich ihn nicht verrate, darf ich im Fernseh einen greislichen Monsterfilm anschauen. Von den Kindern bin ich bestimmt der bravere, weil meine Schwester, die wo erst fünf Jahre alt ist, ist ein wahrer Deifl.

Sie hat mir zum Beispiel im Sommer einen ganzen Schiebel Haare ausgerissen, wegen nichts und wieder nichts. Nur weil ich ihrem blöden Goldhamster ein Bier gegeben habe, wie sie nicht da war. Dann habe ich ihn in sein Laufrad gesetzt und zugeschaut, wie er läuft, und es war recht lustig. Nach einer Weile habe ich ihn darin dodal vergessen, weil mein Freund Kevin Kreuzpaintner gekommen ist und wir haben Fußball gespielt.

Als nach einer Stunde meine Schwester heimkam, hatte sich das dumme Viech schon derrent.

Sie hat geschrien wie noch was und gesagt, dass ich ein Mörder bin, derweil war es praktisch Selbstmord. Er hätte nur das Rennen aufhören brauchen, aber das tat er nicht. Selber schuld. Und ein Schoppen Bier kann doch einem Hamster nichts ausmachen. Außerdem habe ich ihn eh nicht leiden können, weil er hat immer recht gemuffelt. Meine Mama hat mich geschimpft und gesagt, ich bin und bleibe ein dodaler Grobian.

Dann haben sie den Hamster im Garten neben den Kompost beerdigt. Als Sarg haben sie eine Bigmäcschachtel hergenommen, aber ohne Bigmäc. Ich musste zur Strafe einen Zettel schreiben. Den haben sie auf

einem Holzstecken aufgespießt und neben das Grab hingesteckt. Darauf stand:
*Hier ruht der Hamster Fridolin,*
*erst lebte er, jetzt ist er hin.*
*Schuld an dem Verdruss*
*ist mein Bruder, die dumme Nuss.*

Da kannst Du sehen, liebes Christkind, wie geschert meine Schwester ist. Zum Schluss hat sie noch ganz scheinheilig gesagt: »Herr, gib Fridolin die ewige Ruhe.« Aber ich habe genau gemerkt, dass sie mich meint, weil sie mich so angeschaut hat.

Ich beantrage hiermit, dass Du ihr heuer nichts bringst, höchstens eine leere Schachtel, wo ein Zettel drin liegt und darauf soll stehen: »Wer seinem Bruder wegen nichts und wieder nichts einen Schiebel Haare ausreißt, kriegt vom Christkind einen Dreg!« Dann hat sie es.

Ich wünsche mir dafür heuer etwas mehr, damit es sich ausgleicht. Ich bräuchte unbedingt ein Fahrrad mit 21 Gängen, weil ich bin in der Klasse 1b der Einzige, der wo nur drei Gänge hat. Mein altes Rad mit den drei Gängen kannst Du dafür mitnehmen und einem armen Negerkind in Afrika bringen. Für ein solches sind drei Gänge schon ein dodaler Wahnsinn.

Dann bring mir bitte noch einen Extra-Fernseh für mein Zimmer, damit ich nicht immer den Käse anschauen muss, den meine Mutter und mein Vater sehen wollen. Die schauen die ganze Zeit nur Tok-Schous und so Zeug an. Tok-Schous sind Sendungen, wo lauter

Nasche dort sitzen und über was reden, was keinen intressiert.

Außerdem brauche ich noch einen Dress vom FC Bayern München und vorsichtshalber von Borussia Dortmund, falls diese Hundlinge wieder deutscher Meister werden. Sonst fällt mir momentan nichts ein.

Du könntest mir aber noch ungefähr 1000 Euro in bar mitbringen, falls mir später noch etwas einfällt. Dann kaufe ich es mir selber und Du hast nicht so viel Arbeit mit mir. Bitte vergiss nichts, weil sonst bin ich enttäuscht. Und in der Zeitschrift, die wo meine Mutter immer liest, steht drin, wenn ein Kind oft enttäuscht wird, wird es bsüchisch gestört und später eventuell richtig nasch.

Das willst Du doch bestimmt nicht, oder?
Hochachtungsvoll

Dein Björn

PS: Hoffentlich gibt es Dich überhaupt, weil sonst ist dieser Brief dodal sinnlos.

Erich Kästner

# INTERVIEW MIT DEM WEIHNACHTSMANN

Es hatte schon wieder geklingelt. Das neunte Mal im Verlauf der letzten Stunde! Heute hatten, schien es, die Liebhaber von Klingelknöpfen Ausgang. Es gibt solche Tage. Mürrisch trollte ich mich türwärts und öffnete.

Wer, glauben Sie, stand draußen? Sankt Nikolaus persönlich! In seiner bekannten historischen Ausrüstung. Weißer Bart und rote Bäckchen. Den Sack mit den Äpfeln, Nüssen und Pfefferkuchen huckepack. Die gestrenge Haselrute in der milden Hand.

»Oh!«, sagte ich. »Der eilige Nikolaus!«

»Der *heilige,* wenn ich bitten darf. Mit *h!*« Es klang ein wenig pikiert.

»Als Junge habe ich Sie immer den eiligen Nikolaus genannt. Ich fand's plausibler.«

»*Sie* waren das?«

»Erinnern Sie sich denn noch daran?«

»Natürlich! Ein hübscher kleiner Bengel waren Sie damals!«

»Klein bin ich noch immer.«

»Und nun wohnen Sie also hier.«

»Ganz recht.«

Wir lächelten resigniert und dachten an vergangne Zeiten. Dann besann er sich plötzlich auf seine weihnachtlichen Dienstobliegenheiten und fragte, übrigens recht geschäftsmäßig: »Waren die Kinder heuer brav? Wer war wann und wieso unartig?«

Ich deutete an, dass ich ein kinderloser Haushalt sei und Kinder viel zu gerne hätte, um mich ihnen als Vater zuzumuten.

»Faulpelz!«, knurrte er und machte auf dem Absatz kehrt.

»Bleiben Sie noch ein bisschen!«, bat ich. »Trinken Sie eine Tasse Kaffee mit mir!« Er tat mir, offen gestanden, leid. Dieses winterliche Briefträgerdasein treppauf, treppab, und in einem fort die stereotypen, leicht albernen Fragen nach dem guten oder schlechten Betragen der lieben Kinder, die sich vor ihm fürchteten und beim Beten steckenblieben – im Grunde war es kein angemessener Beruf für einen jahrtausendalten und einigermaßen gebildeten Herrn. »Machen Sie mir die Freude!«, fuhr ich fort. »Es gibt Rosinenstollen.«

Was soll ich Ihnen sagen? Er blieb. Er ließ sich herbei. Erst putzte er sich am Türvorleger die Stiefel sauber, dann stellte er den Sack neben die Garderobe, hängte die Rute an einen der Haken, und schließlich trank er mit mir in der Wohnstube Kaffee. Dazu aß er vier Stück Rosinenstollen. Dicke Scheiben. Pola, die kleine schwarze Katze, war ihm schon beim zweiten Stück auf die Schulter gesprungen, lag wie eine Pelzboa um seinen Hals und schnurrte. Es klang, als säße ein Heinzelmännchen an der Nähmaschine.

»Hübsch haben Sie's hier«, meinte er. »Ausgesprochen gemütlich.«

»Zigarre gefällig?«

»Das schlag ich nicht ab.«

Ich holte die Kiste. Er bediente sich. Ich gab ihm Feuer. Dann zog er sich mit Hilfe des linken den rechten Stiefel aus und atmete erleichtert auf. »Es ist wegen der Plattfußeinlage. Sie drückt niederträchtig.«

»Sie Ärmster! Bei *Ihrem* Beruf!«

»Es gibt weniger Arbeit als früher. Das kommt meinen Füßen zupasse. Die falschen Nikoläuse schießen wie die Pilze aus dem Boden. Wohin man blickt, stolpern sie dutzendweise durch die Straßen und Höfe.«

»Andererseits – eines Tages werden die Kinder glauben, dass es Sie, den echten, überhaupt nicht mehr gibt!«

»Auch wahr! Die Kerls schädigen meinen Ruf! Die meisten von denen, die sich einen Pelz anziehen, einen Bart umhängen und mich kopieren, haben nicht das mindeste Talent! Es sind Stümper! Sankt Nikolaus zu sein, ist gar nicht so einfach!«

»Beileibe nicht! Ein einziges Mal wollte ich Ihnen ins Handwerk pfuschen. Dabei kitzelte mich der Wattebart. Ich musste niesen. Und mein kleiner Neffe Franz rief prompt: ›Prost, Onkel Erich!‹«

»Da haben Sie's!«, meinte mein Besuch und nickte befriedigt. Es schien ihm bei mir immer besser zu gefallen. Er paffte wunderbare große Rauchringe vor sich hin. Pola sah ihm neugierig zu. Dann sprang sie durch einen der blaugrauen Ringe wie durch einen Reifen und begab sich zu ihrem Lieblingsplatz, dem Stuhl unter der Wanduhr, um ein vom Ticken der alten Uhr skandiertes Schläfchen zu machen.

»Weil wir gerade von Ihrem Berufe sprechen«, sagte ich, »hätte ich eine Frage an Sie, die mich schon seit meiner Kindheit beschäftigt. Damals traute ich mich nicht. Heute schon eher. Denn ich bin mittlerweile Journalist geworden.«

»Macht nichts«, meinte er und goss sich Kaffee zu. »Was wollen Sie seit Ihrer Kindheit von mir wissen?«

»Also«, begann ich zögernd, »bei Ihrem Beruf handelt es sich doch eigentlich um eine Art ambulanten Saisongewerbes, nicht? Im Dezember haben Sie eine Menge Arbeit. Es drängt sich alles auf ein paar Wochen zusammen. Man könnte von einem ›Stoßgeschäft‹ reden. Und nun ...«

»Hm?«

»Und nun wüsste ich brennend gern, was Sie im übrigen Jahr tun!«

Der gute alte Nikolaus sah mich einigermaßen verdutzt an. Es machte fast den Eindruck, als habe ihm noch niemand die so naheliegende Frage gestellt.

»Wenn Sie sich darüber nicht äußern wollen ...«

»Doch, doch«, brummte er. »Warum denn nicht?« Er trank einen Schluck Kaffee und paffte einen Rauchring. »Der November ist natürlich mit der Materialbeschaffung mehr als ausgefüllt. In manchen Ländern gibt's plötzlich keine Schokolade. Niemand weiß, wieso. Oder die Äpfel werden von den Bauern zurückgehalten. Und dann das Theater an den Zollgrenzen. Und die vielen Transportpapiere. Wenn das so weitergeht, muss ich nächstens den Oktober noch dazunehmen. Bis jetzt benutze ich den Oktober eigentlich dazu, mir in stiller Zurückgezogenheit den Bart wachsen zu lassen.«

»Sie tragen Ihren Bart nur im Winter?«

»Selbstverständlich. Ich kann doch nicht das ganze Jahr als Weihnachtsmann herumrennen! Dachten Sie, ich behielte auch den Pelz an? Und schleppte dreihundertfünfundsechzig Tage den Sack und die Rute durch die Gegend? Na also. – Im Januar mach ich dann die Bilanz. Es ist schrecklich. Weihnachten wird von Jahrhundert zu Jahrhundert teurer!«

»Versteht sich.«

»Dann lese ich die Dezemberpost. Vor allem die Kinderbriefe. Es hält kolossal auf, ist aber nötig. Sonst verliert man den Kontakt mit der Kundschaft.«

»Klar.«

»Anfang Februar lass' ich mir den Bart abnehmen.«

In diesem Moment läutete es wieder an der Flurtür. »Entschuldigen Sie mich, bitte?« Er nickte.

Draußen vor der Tür stand ein Hausierer mit schreiend bunten Ansichtskarten und erzählte mir eine sehr lange und sehr traurige Geschichte, deren ersten Teil ich mir tapfer und mit zusammengebissenen Ohren anhörte. Dann gab ich ihm das Kleingeld, das ich lose bei mir trug, und wir wünschten einander auch weiterhin alles Gute. Obwohl ich mich standhaft weigerte, drängte er mir als Gegengeschenk ein halbes Dutzend der schrecklichen Karten auf. Er sei, sagte er, schließlich kein Bettler. Ich achtete seinen schönen Stolz und gab nach. Endlich ging er.

Als ich ins Wohnzimmer zurückkam, zog Sankt Nikolaus gerade ächzend den rechten Stiefel an. »Ich muss weiter«, meinte er, »es hilft alles nichts. Was haben Sie denn da in der Hand?«

»Postkarten. Ein Hausierer zwang sie mir auf. Ich finde sie scheußlich.«

»Geben Sie her. Ich weiß Abnehmer. Besten Dank für Ihre warmherzige Gastfreundschaft. Wenn ich nicht der Weihnachtsmann wäre, könnt' ich Sie beneiden.«

Wir gingen in den Flur, wo er seine Utensilien aufnahm. »Schade«, sagte ich. »Sie sind mir noch einen Teil Ihres Jahreslaufs schuldig.«

Er zuckte die Achseln. »Viel ist im Grunde nicht zu erzählen. Im Februar kümmere ich mich um den Kinderfasching. Später ziehe ich auf den Frühjahrsmärkten umher. Mit Luftballons, türkischem Honig und billigem mechanischen Spielzeug. Im Sommer bin ich Bademeister und gebe Schwimmunterricht. Manchmal verkaufe ich auch Eiswaffeln in den Straßen. Ja, und dann kommt schon wieder der Herbst, und nun muss ich wirklich gehen.« Wir schüttelten uns die Hand.

Ich sah ihm vom Fenster aus nach. Er stapfte mit großen, hastigen Schritten durch den Schnee. An der Ecke Ungererstraße wartete ein Mann auf ihn. Er sah wie der Hausierer aus, wie der redselige mit den blöden Ansichtskarten. Sie bogen gemeinsam um die Ecke. Oder hatte ich mich getäuscht?

Eine Viertelstunde danach klingelte es schon wieder. Diesmal erschien der Laufbursche des Delikatessengeschäfts Zimmermann Söhne. Ein angenehmer Besuch! Er brachte das bestellte Brathähnchen vom Grill, einen kleinen zarten Rollschinken und zwei Flaschen Piesporter Goldtröpfchen Spätlese.

Ich wollte bezahlen, fand aber die Brieftasche nicht gleich. »Das hat ja Zeit, Herr Doktor«, meinte der Bote väterlich.

»Ich möchte wetten, dass sie auf dem Schreibtisch gelegen hat!«, sagte ich. »Nun gut, ich begleiche die Rechnung morgen. Aber warten Sie noch, ich bring Ihnen eine gute Zigarre!«

Die Kiste mit den Zigarren fand ich auch nicht gleich. Das heißt, später fand ich sie ebenso wenig. Die Zigarren nicht. Die Brieftasche nicht. Das silberne Zigarettenetui war auch nicht zu finden. Und die Manschettenknöpfe mit den großen Mondsteinen und die Frackperlen waren weder an ihrem Platz noch sonst wo. Jedenfalls nicht in meiner Wohnung. Ich konnte mir gar nicht erklären, wohin das alles geraten sein mochte. Nach den Eisenbahnaktien und der Briefmarkensammlung schaute ich gar nicht erst.

Es wurde trotzdem ein stiller hübscher Abend. Das Brathähnchen und der Piesporter waren erstklassig. Es klingelte niemand mehr. Vorm Fenster sanken die Schneeflocken wie ein endloser weißer Tüllvorhang herunter. Pola wachte vorübergehend auf und machte aus einem Schal Wollgulasch. Wirklich ein gelungener Abend. Nur, irgendetwas fehlte mir. Aber was?

Eine Zigarre? Natürlich!

Glücklicherweise war das goldene Feuerzeug auch nicht mehr da. Denn das muss ich, obwohl ich ein ruhiger Mensch bin, bekennen: Feuer zu haben, aber nichts zum Rauchen im Haus, das könnte mir den ganzen Abend verderben!

Horst von Tümpling

# MORGEN GEHT MEIN WEIHNACHTSMANN

Morgen geht mein Weihnachtsmann. Fast ein Jahr lang hatte er es mit uns, hatten wir es mit ihm ausgehalten. Dann kündigte er, und morgen wird er mich verlassen.

Ich hatte damals überhaupt nicht mit ihm gerechnet.

Plötzlich war er dagewesen. Hatte an unserer Wohnungstür geklingelt, war eingetreten, hatte sich im Flur den Matsch von den Stiefeln gestampft (es war ein sehr regnerisches Weihnachten) und hatte endlich aus seinem Sack einen Trockenrasierer nebst einem freundlichen Gruß von meiner Großtante gefischt.

»Nikolaus«, stellte er sich dabei etwas verlegen vor. »Ruprecht Nikolaus vom Geschenkkundendienst ...«, und ob er mal seinen roten Webpelz irgendwo bei uns trocknen könne, desgleichen vielleicht auch seinen Bart.

Während sich nun am wärmesprühenden Ofen der rote Mantel seiner Feuchtigkeit entledigte, half mir der freundliche Nikolaus R., den Defekt an unserer elektrischen Weihnachtsbaumbeleuchtung zu beheben. Kerzen seien gemütlicher, fand er.

Nun, beheben konnten wir den Schaden zwar nicht, doch wenigstens finden. Da sich aber am Ende weder eine brauchbare Sicherung noch eine Haushaltskerze bei uns finden ließen, erwarteten der Weihnachtsmann und ich meine Familie beim trauten Schein einer

Taschenlampe. Denn meine Frau weilte mit unseren Söhnen noch immer auf der vorläufig letzten von insgesamt achtzehn Weihnachtsfeiern.

Wir zwei Männer behalfen uns indes mit einigen Flaschen Stierblut, denn die durch den dampfenden Pelz verursachte Luftfeuchtigkeit verlangte nach innerem Ausgleich.

Irgendwie überstanden wir sodann auch noch den familiären Teil des Lichterfestes.

Als ich mich aber am nächsten Tag etwas genauer in unserem Heim umsah, da zeigte sich's, dass unser Gast auch die Nacht bei uns verbracht hatte. Nun aber traf ich ihn bereits in der Küche, gehörig vermummt in Pelz, Bart, Kapuze und Stiefeln, und er hatte sich bereits mit Abwaschen und anderen häuslichen Verrichtungen nützlich gemacht.

Nein, heute müsse er nicht zur Arbeit, Weihnachten sei ja im Prinzip vorbei und – ja, es gefiele ihm ganz gut bei uns, und ob er noch bleiben dürfe. Er sei Junggeselle.

Natürlich wiederholte ich als höflicher Mensch in den folgenden Tagen zuweilen noch meinen Wunsch, ihn nicht aufhalten zu wollen, aber inzwischen hatten sich meine Söhne und später auch meine Frau recht herzlich mit ihm angefreundet. Da tat es mir denn leid, das schöne Idyll durch überflüssige Förmlichkeiten zu stören. Und Herr Ruprecht war ja auch eigentlich nicht im Wege. Im Gegenteil, er machte sich nützlich; kochte, beaufsichtigte die Schulaufgaben unserer Söhne, beriet meine Frau in Modefragen. Er war auch sonst manierlich und still, nur einkaufen wollte er nicht gehen. Er fürchtete wohl – und wahrscheinlich zu Recht –, in der Öffentlichkeit Aufsehen zu erregen.

So ging der Januar ins Land, Februar, März. Letzte Nachtfröste im April, blühende Töpfe auf dem Balkon im Mai. Und unser Weihnachtsmann gehörte schon ganz zur Familie. Still ging er uns zur Hand, war fröhlich mit uns und auch traurig – zum Beispiel, als im Juni die Badewanne überlief und wir nicht versichert waren. Übrigens hatte ich es längst aufgegeben, unserem Gast für seine Dienste Geld aufzunötigen.

Im Sommer fuhren wir auf Urlaub, aber nichts in der Welt brachte ihn dazu mitzufahren. So schrieb er uns denn manchmal eine Karte, dass zu Hause alles in Ordnung und wie das Wetter sei. Und wir schrieben ihm zurück, dass es uns gut gehe, und ob er auch immer mal an die Geranien denke.

Als wir dann nach dem Urlaub etwas knapp bei Kasse waren, erbot sich unser Weihnachtsmann sogar, sich zu unseren Gunsten für Geld sehen zu lassen – zweifellos ein gutes Geschäft im Spätsommer –, oder er war bereit, auch in der URANIA Vorträge zu halten. Über Nächstenliebe, über etruskische Fruchtbarkeitsriten oder überhaupt ganz allgemein über das poetische Prinzip im menschlichen Leben.

Aber wir lehnten das ab. Nein, wir wollten ein solches Anerbieten nicht annehmen. Unsere Gastgebermoral verbot uns geradezu, die große Hilfsbereitschaft unseres Freundes zu missbrauchen.

Seitdem zeigte sich ein winziger Sprung, ein Missklang in unserem früher so harmonischen Verhältnis. Er fing an, beim Abwaschen Geschirr fallen zu lassen; mir passierte das Missgeschick, mit meiner Zigarette seinen Bart zu versengen. Dann vergriff er sich gegenüber meiner Frau im Ton, und auch meine Söhne begannen, Herrn Ruprecht heimlich zu foppen.

Als im Spätherbst die Kohlen kamen, betrank er sich furchtbar mit den Sackträgern, taumelte dunkel staubend in der Wohnung umher und führte unflätige Redensarten im Munde. Seitdem fiel nichts mehr vor, ja in letzter Zeit schien es gar, als sei die Krise glücklich überwunden.

Da aber legte er mir vor zwei Wochen plitzplautz die Kündigung auf den Tisch. Morgen geht mein Weihnachtsmann. Er geht, und wir verlieren – nehmt alles nur in allem – einen Hausgenossen, einen Freund, ja einen Bruder. Vor meiner Familie werde ich diese Wendung der Dinge kaum verantworten können. Denn ich bin schuld. Ich weiß es, aber ich kann es nicht ändern. So muss ich diese Kündigung als einen schweren, aber gerechten Vorwurf auf mir sitzen lassen. Ich kann meinen Gast nicht mehr umstimmen, ja, ich werde es nicht einmal versuchen. Weil es zwecklos ist.

Ich glaube nun mal nicht mehr an den Weihnachtsmann.

Wir danken den Autoren sowie folgenden Verlagen für die freundliche Genehmigung zum Abdruck:

Axel Hacke: Wenn es weihnachtet
© Aus: Axel Hacke, Alle Jahre schon wieder.
Ein Weihnachtsbuch, 2009 Verlag Antje Kunstmann GmbH, München

Heinz Erhardt: Die Weihnachtsgans
© Aus: ›Die Gedichte‹ von Heinz Erhardt,
2015 Lappan Verlag Oldenburg

Toni Laurer: Der Wunschzettel
© Aus: ›I glaub, i spinn: neue und alte Geschichten‹ 14. Auflage 2014, MZ Buchverlag in der Battenberg Gietl Verlag GmbH, Regenstauf, ISBN: 978-3-931904-43-2

Erich Kästner: Interview mit dem Weihnachtsmann
© Erich Kästner
Quelle: Erich Kästner, Interview mit dem Weihnachtsmann, Atrium Verlag, Zürich, 2014

ISBN 978-3-359-01718-9

© 2016 Eulenspiegel Verlag, Berlin
Umschlaggestaltung: Verlag, unter Verwendung eines Motivs von Miguel Fernandez
Printed in EU

Die Bücher des Eulenspiegel Verlags erscheinen in der Eulenspiegel Verlagsgruppe.

www.eulenspiegel.com